AF438783

DAGUERRÉOTYPE

RENDU FACILE.

LE
DAGUERRÉOTYPE
RENDU FACILE.

PRÉCIS DES PROCÉDÉS LES PLUS SIMPLES ET LES PLUS PROMPTS

POUR

LA REPRODUCTION DES IMAGES PHOTOGRAPHIQUES,

PAR QUESLIN (AMÉDÉE),

Ingénieur-Opticien, Successeur de CHEVALLIER.

SUIVI D'UNE NOTICE

SUR

LA REPRODUCTION ET LA DORURE DES ÉPREUVES

PAR LA GALVANOPLASTIE.

Prix : 2 fr.

A PARIS,

Chez QUESLIN (AMÉDÉE), INGÉNIEUR-OPTICIEN,

Successeur de CHEVALLIER,

1, RUE DE LA BOURSE;

Et chez MÉQUIGNON-MARVIS, LIBRAIRE,

1, RUE DE L'ÉCOLE-DE-MÉDECINE.

Juin 1843.

AVANT-PROPOS.

S'il est une découverte capable de saisir d'é-
tonnement et d'admiration l'imagination humaine, c'est assurément celle de la photographie. En effet, quel homme n'eût pas été traité de
fou rêveur il y a quelques années, s'il avait émis
le problème de fixer d'une manière durable les
images si légères obtenues dans la chambre obscure? Eh bien! ce qui eût paru alors un rêve de
l'imagination est devenu une vérité palpable, et
depuis bientôt quatre ans que M. Daguerre a mis
le public en possession de sa précieuse découverte, tout le monde a pu admirer les magnifiques
résultats obtenus, et chacun a été à même, en se
conformant à certaines prescriptions simples et
peu nombreuses, d'obtenir des résultats aussi
certains et aussi satisfaisants que M. Daguerre
lui-même; car le Daguerréotype ne comporte pas

une seule manipulation qui ne soit à la portée
de tout le monde, et n'exige aucune connaissance du dessin. On comprend cependant que si
simples que soient les procédés, ils demandent
pourtant un soin et une expérience qui ne peuvent s'acquérir en quelques heures, en raison de
tous les cas différents qui se présentent dans la
pratique. En second lieu, la science faisant tous
les jours de nouveaux progrès, il est nécessaire
que l'amateur qui achète un Daguerréotype puisse
être au courant de toutes les nouvelles méthodes
adoptées par l'expérience, et ne risque pas de
s'égarer dans des difficultés d'anciens procédés
depuis longtemps hors d'usage. C'est cette con-
sidération qui nous a engagé à publier cette Notice, dans laquelle nous nous sommes efforcé de
rendre toute chose claire et facile, sans nous embarrasser dans des théories scientifiques également inutiles et confuses pour tout le monde.

La photographie consiste à reproduire sponta-
nément par l'action de la lumière, avec toutes
les dégradations de teinte du noir au blanc, les
images reçues dans la chambre obscure. Les
épreuves sont faites sur des plaques en cuivre re-
couvertes d'une mince feuille d'argent; ces plaques, polies avec le plus grand soin, sont exposées à une vapeur d'iode cristallisé qui a la propriété de se décomposer sous l'influence des
rayons lumineux auxquels on expose la plaque

ainsi préparée ; l'image, quoique réellement for-
mée au sortir de cette exposition , n'est pourtant
pas encore apparente, et ce n'est qu'après avoir
été exposée à une vapeur mercurielle que l'on
peut l'admirer dans tous ses détails. Le mercure
combiné avec l'argent forme les blancs de l'i-
mage , et les noirs sont produits par le bruni de
la plaque. Tel est le fond du procédé, auquel se
rattachent différentes opérations accessoires indispensables à sa promptitude et à son effet.

Pour les personnes qui n'ont aucune connaissance du Daguerréotype, et qui liront cette brochure pour la première fois, les diverses opérations dont je donne ici la description pourront
encore paraître bien minutieuses et bien longues;
mais on comprendra facilement que telle manipulation qui se fait en une minute demande une
page pour être décrite, et je puis, en outre, assurer que tous les amateurs qui m'ont acheté des
Daguerréotypes ont été mis par moi, et en très
peu de temps, à même d'opérer avec leur instrument, et qu'il n'y en a aucun qui ne soit parvenu
à obtenir de bonnes et constantes réussites.

Mes Daguerréotypes pour vues et portraits sont
établis de manière à tenir le moins de place possible : toutes les boîtes et accessoires sont renfer-
més dans un coffre à serrure et à poignée, et
tous , même le plus grand modèle , peuvent, en

raison de leur peu de volume et de leur légèreté, être facilement transportés à la main.

Je me suis appliqué dans cette brochure à analyser les diverses causes de non-réussite qui peuvent se présenter et embarrasser parfois l'opérateur peu expert, et à donner la description de tous les procédés connus et le plus en usage, tant pour la reproduction des perspectives et des monuments, que pour le portrait.

Je n'ai pas cru devoir, dans cette notice, faire mention des diverses tentatives faites pas MM. Talbot, Herschell, Bayard, etc., pour produire des images photogéniques sur papier, et quoique ces messieurs aient obtenu des résultats vraiment remarquables, dont j'ai été à même d'apprécier quelques-uns, aucun d'eux n'étant encore parvenu à la perfection désirée et n'ayant publié leurs procédés, j'ai dû m'abstenir de parler de recherches qui n'ont encore rien de déterminé.

Bien que plusieurs journaux aient annoncé à différentes fois la découverte de procédés pour obtenir les couleurs, je puis assurer qu'aucun moyen de ce genre n'a encore été trouvé (1). L'ap-

(1) Une personne qui s'est longtemps occupée de daguerréotype vient récemment de découvrir un ingénieux procédé (pour lequel il a un brevet) pour colorier les épreuves une fois terminées, sans nuire en rien à la finesse des détails et au moelleux des contours; ce procédé, qui ne laisse pas de donner de beaux

plication par la photographie des couleurs variées
et naturelles des objets restera longtemps, à jamais peut-être, un défi à la sagacité humaine ;
cependant ce qui a été découvert ne peut faire
trop préjuger de ce que peuvent l'intelligence et la
science de l'homme ; mais jusqu'à présent il faut
s'en tenir à ce qui existe, et ne pas induire le public en erreur par des annonces prématurées et
mensongères. Tel qu'il est, le Daguerréotype a sa
place acquise dans tous les cabinets de savants et
d'amateurs, et même dans les mains de toute
personne pour qui l'art et la science sont des su-
jets dignes d'attention.

J'ai joint à cette Notice un précis sur les opérations de galvanoplastie dans les applications de
cette nouvelle science aux images photogéniques.
N'ayant ni l'intention ni l'espace nécessaire pour
m'étendre beaucoup sur ces procédés, il m'a paru
suffisant d'indiquer les moyens les plus simples
pour reproduire ou dorer les épreuves. Les progrès sensibles de cette nouvelle découverte, ses
beaux résultats par rapport au Daguerréotype, en
font le complément indispensable à tout amateur
curieux de photographie.

résultats en des mains habiles, séduira beaucoup de monde ;
mais on comprend qu'il y a encore loin d'un semblable moyen à
celui dont nous appelons la découverte de tous nos vœux.

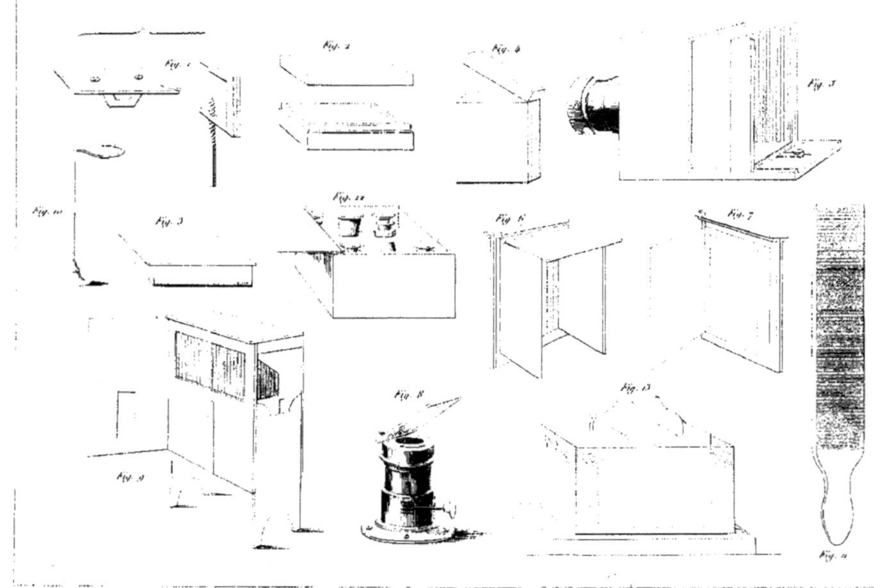

Fig. 1
Fig. 2
Fig. 4
Fig. 5
Fig. 10
Fig. 3
Fig. 12
Fig. 6
Fig. 7
Fig. 8
Fig. 13
Fig. 9
Fig. 11

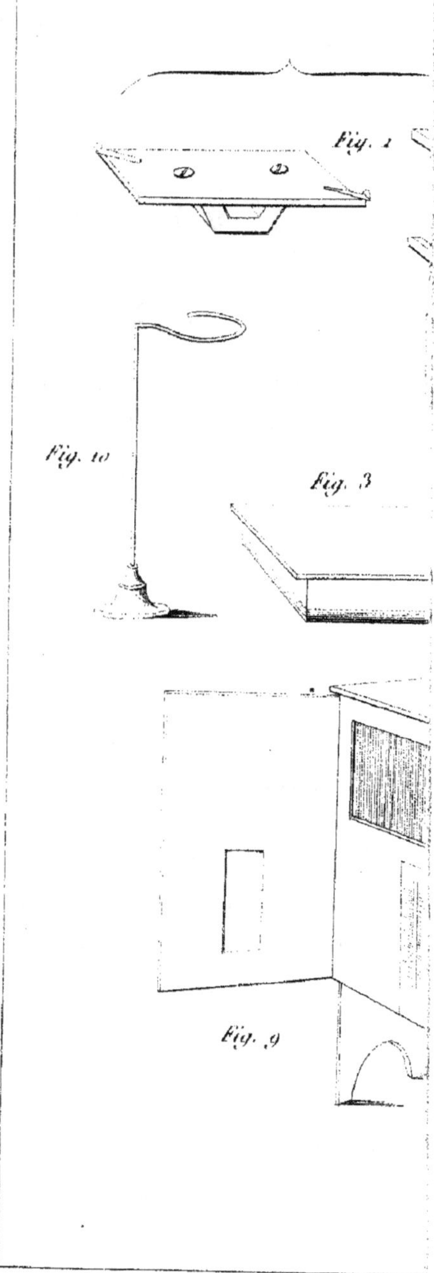
Fig. 1
Fig. 10
Fig. 3
Fig. 9

DESCRIPTION

DES

PIÈCES COMPOSANT LE DAGUERRÉOTYPE,

ET EXPLICATION DES PLANCHES.

Le Daguerréotype pour vues et portraits se compose :

D'une chambre noire (figure 5) avec tiroir s'allongeant à volonté, et ayant à son extrémité un écrou pour le fixer lorsque le foyer de l'image est déterminé.

D'un cadre (figure 6) garni d'une glace dépolie de la grandeur exacte de la plaque, et sur laquelle vient se dessiner l'image de l'objet que l'on veut reproduire. A l'extérieur de ce châssis, on a disposé trois petits volets destinés à produire une ombre sur la plaque, et à faciliter à l'œil la détermination exacte du foyer. A défaut de ces volets, ou même s'ils étaient insuffisants, on se servira d'un morceau de toile noire que l'on posera sur la chambre, et dont en même temps on se couvrira la tête.

D'un châssis (figure 7) fermé hermétiquement et recevant la planchette sur laquelle est fixée la plaque photogénique, et remplaçant exactement dans la chambre noire le châssis à glace dépolie qui a servi à prendre le foyer.

D'une planchette garnie d'attaches ou de coulisses en plaqué argent pour tenir la plaque, et sur laquelle celle-ci demeure fixée pendant toute la durée de l'opération.

D'une monture d'objectifs (figure 8) à doubles verres achromatiques et périscopiques réunis, formant un court foyer propre à faire le portrait à toute ouverture sans aucun diaphragme, et marchant par le moyen d'une crémaillère. Cet objectif étant spécialement destiné aux portraits, serait d'un trop court foyer et d'un mauvais effet pour reproduire les vues ou les monuments éloignés; lors donc que l'on veut s'en servir à cet usage, il suffit de démonter et de supprimer l'objectif qui se trouve à l'intérieur de la chambre noire, en se servant seulement de l'objectif extérieur, auquel on ajoute un diaphragme, et qui de cette manière se trouve dans la condition de l'objectif primitivement indiqué par M. Daguerre.

D'une glace parallèle destinée à redresser les images, et s'adaptant en tête de l'objectif au moyen d'une vis à écrou; cette glace est fixée dans une position inclinée à 45 degrés, et garantie par une planchette en cuivre à coulisse que l'on enlève lorsque l'on veut opérer. Lorsqu'on fait usage de cette glace, il faut tenir compte de la déperdition de lumière qui a nécessairement lieu par cette double réflexion, et compter à peu près un tiers en plus pour le temps d'exposition aux rayons lumineux.

D'une boîte à iode (figure 2) garnie entièrement en verre, et renfermant à l'intérieur un cadre sur lequel est tendu un carton ou une feuille de papier très-fort et non collé ; l'iode est répandu également dans le fond de la boîte, soit à découvert, soit entre deux cardes de coton, et le papier tendu, se trouvant constamment au-dessus de l'évaporation, se sature de vapeurs d'iode, de telle façon qu'il suffit pour ioder une plaque de la poser en regard de cette feuille, que l'on peut, pour plus de sûreté, retourner à chaque opération. De cette manière, on obtient une couche égale et bien moins susceptible de taches qu'en iodant à découvert sur l'iode même. Du reste, quelle que soit la forme que l'on donne à la boîte à iode, il est essentiel qu'elle soit toujours garnie de verre intérieurement, afin que l'humidité qui se trouve dans le bois ne vienne pas se jeter sur la plaque, et par suite donner des épreuves voilées ou même entièrement manquées.

Si on s'aperçoit, malgré cette précaution, que la boîte à iode contient de l'humidité, il faut la tenir pendant quelque temps dans un endroit bien chauffé, mais en évitant avec soin que la boîte soit placée assez près du feu pour que les parois se trouvant chauffées inégalement et trop fortement, l'iode dont elles sont empreintes ne fasse des taches sur les côtés de la plaque.

D'une capsule (figure 3) en verre ou en porcelaine, recouverte d'un plan en glace rodée sur ses bords et servant à poser la plaque et à la passer à l'évaporation des substances accélératrices.

D'une boîte à mercure (figure 9) dont les pieds se rentrent dans des coulisseaux intérieurs, et garnie d'une cuvette en tôle qui forme le fond de la boîte, et dans laquelle se verse le mercure. On a disposé sur le devant de la boîte une ouverture garnie d'un carreau de verre blanc d'où l'on peut suivre les progrès de l'épreuve en éclairant avec une bougie par une autre ouverture ménagée sur le côté, et fermée par un verre jaune-orangé au travers duquel la lumière passe sans nuire à l'épreuve, ce qui arriverait si on éclairait au travers d'un verre blanc. Un volet fermé sur le devant ga-

rantit le thermomètre et le carreau de tout accident dans le transport.

D'une planchette avec étau (figure 1) servant à
polir les plaques et pouvant s'adapter à l'angle
d'une table au moyen de la vis de pression.

D'une boîte à plaques (figure 4) contenant six
plaques en doublé d'argent au quarantième, et
pouvant au besoin en contenir douze en les mettant
dos à dos en sens inverse, c'est-à-dire cuivre sur
cuivre. On trouve dans le commerce des plaques
fabriquées à toutes sortes de titres, depuis le ving-
tième jusqu'au cent-vingtième ; les plaques que
j'emploie sont toutes au quarantième et en bon
doublé ; on reconnaît facilement une bonne plaque en y projetant l'haleine : si la couche de vapeur est bien continue et qu'on n'y aperçoive pas
de défaut, elle peut être employée sans crainte.
Une bonne plaque au quarantième peut être repolie dix ou douze fois au moins sans inconvénient.

De deux bassines et un égouttoir en cuivre
étamé pour laver les épreuves.

D'un support en fil de cuivre (figure 10) avec
pied, pour chauffer les plaques et les passer au
chlorure d'or.

D'une boîte à produits chimiques (figure 12) renfermant une lampe à esprit-de-vin, cinq flacons
contenant du mercure, de l'iode, de l'hyposulfite, de l'eau acidulée et du tripoli de Venise ;

tous ces produits doivent essentiellement être de première qualité.

D'une planchette à polir recouverte en velours de soie (figure 11).

D'un pied à trois branches avec planchette servant à porter la chambre noire, et sur laquelle celle-ci s'adapte solidement au moyen d'un écrou. Ce pied est disposé de manière à avoir toute la légèreté désirable sans nuire à la solidité nécessaire; il peut se démonter facilement, afin de ne faire que peu de volume pour le transport.

POLISSAGE DES PLAQUES.

Cette opération, qui d'abord ne paraît présenter aucune difficulté, est sans contredit celle qui demande le plus de soin et dont dépend en partie le succès de l'opération ; c'est pourquoi nous ne saurions trop recommander aux amateurs et aux artistes qui s'occupent de Daguerréotype d'apporter le plus grand soin au complet décapage et polissage de la plaque.

Il faut pour cette opération :

Un petit flacon d'eau acidulée (dans la proportion d'une partie d'acide nitrique sur seize parties d'eau, de manière à ce que l'eau acidulée marque trois ou quatre degrés à l'aréomètre) ;

Du tripoli de Venise calciné et broyé très-fin et renfermé dans un flacon à large ouverture, recouvert d'un morceau de batiste ;

Un peu de rouge d'Angleterre de première qualité ;

Du coton cardé très-fin et bien exempt de toute matière grasse ou susceptible de salir ou de rayer la plaque.

On place la plaque sur la planchette à polir

(fig. 1), qui s'adapte sur le bord d'une table au moyen de la vis de pression; et après l'y avoir fixée solidement, on saupoudre la plaque avec un peu de tripoli, et prenant une forte pincée de coton légèrement imbibé d'eau acidulée, on commence à polir en arrondissant et en ayant bien soin de bien atteindre sur toute sa surface. Il faut changer plusieurs fois de coton et remettre du tripoli et de l'acide jusqu'à ce que la plaque paraisse d'un beau poli. On reprend alors un peu de tripoli, et avec du coton propre on continue à polir jusqu'à ce que le coton, que l'on change à mesure qu'il se salit, n'amène plus de saleté, ce qui sera la preuve que la plaque est bien nette et débarrassée de la crasse que le tripoli pouvait y avoir laissée.

On prend alors avec une nouvelle pincée de coton un peu de rouge d'Angleterre, que l'on essuie sur un papier pour bien écraser les grains qui pourraient n'être pas suffisamment broyés, et on continue à polir la plaque toujours en arrondissant, jusqu'à ce qu'elle présente un beau poli noir et brillant.

Ce résultat obtenu, on prend un nouveau tampon de coton propre et on passe bien légèrement sur la plaque de gauche à droite, dans le sens de l'objet que l'on veut reproduire, de manière à bien enlever la poussière de rouge qui peut être restée adhérente à la surface. On s'aperçoit que la plaque est bien polie lorsque le coton glisse bien facilement sans être arrêté par aucune humidité, ou lorsqu'en soufflant sur la surface de la plaque, la couche de vapeur produite par l'haleine est bien homogène et disparaît promptement et également.

Nous nous servons depuis quelque temps avec avantage d'un nouvel instrument destiné à sécher et à lustrer les plaques en dernier lieu; il est simplement composé d'une planchette plate et très-mince, d'environ cinquante centimètres de long, et de la largeur de la plaque, que l'on entoure d'une bande de toile double bien tendue, recouverte de velours de soie bien propre et de belle qualité, à barbe un peu longue. Sur un des côtés de la planchette on saupoudre un peu de rouge d'Angleterre bien fin; et tenant la plaque dans la main gauche, que l'on a soin de revêtir d'un gant, on commence à frotter avec la planchette recouverte de rouge jusqu'à ce que la plaque soit arrivée à son maximum de poli; alors, avec le côté propre du velours de la planchette, on frotte bien légèrement pour enlever toute la poussière de rouge qui peut être restée sur la plaque. J'ai obtenu par ce moyen un très-beau poli, supérieur à celui obtenu par tout autre procédé.

Ce mode de polissage, qui est le seul que nous employons tous les jours, peut quelquefois n'être pas suffisant. Lorsque, par exemple, on veut repolir une plaque sur laquelle une épreuve a déjà été faite et passée au chlorure d'or, ou bien encore une plaque tout à fait neuve, où le planage aura laissé de fortes ondulations ou des stries profondes, on devra se servir alors pour premier poli d'huile d'olives, mêlée avec du tripoli, ou mieux encore avec de la potée d'émeri très-fine. On frotte la plaque avec cet amalgame jusqu'à ce qu'on en ait bien atteint toutes les défectuosités ; on sèche alors la plaque avec du tripoli sec et on continue le polissage comme nous l'indiquons ci-dessus. Il est essentiel d'apporter le plus grand soin au séchage de la plaque, ce qui est plus difficile lorsqu'on a poli à l'huile, car la moindre apparence de gras qui n'aurait pas été entièrement enlevé empêcherait tout à fait la réussite de l'épreuve, qui se couvrirait d'un voile bleuâtre en la mettant à l'iode.

On pourra, si l'on veut, employer dans ce cas, pour le décapage de la plaque, de l'alcool au lieu d'acide étendu d'eau, ce premier liquide ayant l'avantage de mieux dissoudre l'huile et de l'enlever partout où il pourrait en être resté. Du reste, nous le répétons, quel que soit le moyen que l'on emploie, on ne saurait trop prendre attention à ce que la plaque soit parfaitement exempte de tout corps gras ou humide, car ce n'est qu'à cette condition que l'on pourra obtenir de belles épreuves.

IODAGE DE LA PLAQUE.

Le polissage étant bien parfait, comme nous venons de l'indiquer, on prend la plaque délicatement par ses angles et on la fixe sur la planchette au moyen des bandes de doublé qui y sont attachées. Il faut avoir bien soin que les doigts ne touchent pas à la surface de la plaque et que dans le transport il n'y puisse tomber aucune poussière, car le moindre corps étranger qui viendrait s'y fixer ferait une tache. Si on s'aperçoit qu'il est resté quelque poussière de tripoli sur la plaque, il faut y passer légèrement avec des barbes de coton, ou l'extrémité d'un blaireau bien propre. On pose alors la planchette sur la boîte à iode, la plaque en regard de la substance, et après l'y avoir laissée quelques instants, on la retire pour la regarder et la retourner; puis on la repose jusqu'à ce qu'elle ait pris bien également la teinte que l'on juge convenable. Si la plaque ne s'iodait pas uniformément, ou prenait une teinte verdâtre, ce serait une preuve qu'elle n'aurait pas été polie également, et qu'il y serait resté de l'humidité ; dans ce cas, il serait inutile de continuer l'opération et il faudrait recommencer à polir la plaque. Si on a l'intention de prendre une vue sans se servir d'aucune substance accélératrice, il faudra retirer la plaque lorsqu'elle aura atteint la couleur de jaune d'or foncé, et l'enfermer dans son châssis pour la porter à la chambre noire ; si, au contraire, on veut faire un portrait ou une épreuve très-promptement, il faut, au sortir de l'iode, porter la plaque à l'évaporation des substances accélératrices.

PRÉPARATION DES PLAQUES

IODURÉES AUX SUBSTANCES ACCÉLÉRATRICES.

Depuis deux ans, diverses méthodes ont été mises en usage avec plus ou moins de succès, pour augmenter la sensibilité de la plaque iodée. Comme chaque opérateur a son procédé favori, nous allons successivement passer en revue les divers moyens accélérateurs les plus accrédités, et puis nous dirons notre manière d'opérer, qui nous paraît encore la plus certaine.

Chlorure d'Iode.

Il faut, pour l'emploi de cette substance, un flacon à large ouverture, bouché à l'émeri, et dans le fond duquel on prépare une petite quantité de chlorure d'iode. Lorsque la plaque que l'on a placée sur la boîte à iode a pris la teinte jaune clair, on prend la planchette par un de ses angles et on promène au-dessous le flacon de chlorure, lentement et le plus également possible, jusqu'à ce que la plaque soit arrivée à une teinte rose vif, où elle est à son maximum de sensibilité. Ce résultat obtenu, il faut reboucher le flacon avec soin, cette substance étant très-volatile et ses émanations dangereuses.

Bromure d'Iode.

Cette substance se prépare de la manière suivante : on fait dissoudre une petite quantité d'iode dans de l'alcool rectifié, jusqu'à ce que celui-ci soit complétement saturé d'iode ; dans cette dissolution, on verse quelques gouttes de brome pur, de façon que le mélange devienne d'un rouge vif foncé, puis on l'étend d'eau jusqu'à ce qu'on obtienne un liquide d'un beau jaune-citron. On verse environ un demi-verre de cette préparation dans la capsule en verre ou en porcelaine, et on expose la plaque iodée au-dessus, en ayant soin de la retourner de temps en temps, jusqu'à ce qu'elle soit d'une belle couleur rose vif et velouté. Cette substance perdant facilement de sa sensibilité, il est nécessaire d'y ajouter de temps en temps à peu près une cuillerée d'eau bromée, qui suffira pour lui redonner sa vigueur primitive. Si la plaque ne paraît pas assez sensible, c'est qu'il y aura excès d'iode : il faudra alors y ajouter un peu de brome ; si, dans le cas contraire, il se

formait des taches sur l'épreuve, et que la couche
ne parût pas égale, ce serait excès de brome, et
on y remédierait en ajoutant un peu de dissolution alcoolique d'iode.

On doit, pour l'emploi du bromure d'iode, de
même que pour toutes les autres substances accélératrices, se tenir dans une pièce où il ne pénètre qu'un demi-jour, assez vif pour qu'on ne
puisse pas se tromper sur la nuance de la plaque,
et cependant pas assez intense pour nuire à l'im-
pressionnabilité de la couche sensible.

Liqueur hongroise.

Nous avons depuis peu essayé avec succès une
nouvelle substance, dite liqueur hongroise (dont
nous avons un dépôt). Cette substance, qui n'est
qu'une nouvelle préparation du brome, s'emploie
de cette manière : on mêle une demi-cuillerée à
bouche de liqueur pure dans un demi-verre d'eau ;
on met ce mélange dans le fond de la capsule à
bromer et on la recouvre avec soin. Après avoir
iodé la plaque au jaune foncé ou au rose clair, on
la pose sur la capsule, et, ayant soin de la regarder de temps en temps, on la laisse se colorer
jusqu'au rose vif ou même au violet ; aussitôt
cette nuance atteinte, on retire la plaque, que l'on

enferme avec soin dans son châssis pour la porter à la chambre noire.

Cette substance est peut-être un peu moins prompte à opérer que le brome; mais on obtient, par son moyen, des détails d'une excessive netteté jusque dans les demi-teintes les plus sombres, et surtout des blancs d'une beauté et d'une pureté vraiment remarquables. C'est surtout aux amateurs qui ne se servent pas constamment du Daguerréotype que nous recommandons cette préparation, qui leur donnera des résultats plus certains que le brome, s'ils n'ont pas une connaissance suivie des effets de celui-ci. La liqueur hongroise a, en outre, l'avantage qu'il n'est pas nécessaire de la renouveler après chaque opération; si on a le soin de recouvrir la capsule chaque fois avec la glace rodée, on pourra se servir de la même préparation pendant deux ou trois jours avec un égal succès.

Emploi du Brome.

Lorsque M. Fizeau, auquel le Daguerréotype doit ses améliorations les plus importantes, découvrit la puissance du brome comme substance accélératrice, on adopta généralement pour s'en servir la manière suivante comme la plus certaine :

On fait dissoudre 10 à 15 grammes de brome pur dans un flacon d'environ un décilitre, bien bouché à l'émeri; une petite quantité de cette substance est dissoute par l'eau, et le reste tombe au fond du flacon et entretient l'eau dans une constante saturation. Avec une petite pipette en verre on prend une partie de cette eau saturée de brome, que l'on mêle dans un flacon, avec 40 parties d'eau distillée (1); on a alors une dissolution de brome, ou eau bromée, qui a à peu près la couleur de l'eau-de-vie ordinaire, et qu'il faut tenir exactement bouchée.

Dans une capsule en verre ou en porcelaine (fig. 3), dont le fond est bien plan et bien de niveau, on verse environ un centilitre d'eau bromée que l'on recouvre de suite avec un plan en glace rodée. On laisse reposer quelques instants pour que l'évaporation de brome se répande bien également dans la capsule, et alors, retirant la glace avec précaution, on la remplace par la planchette sur laquelle se trouve la plaque iodée; on

(1) Comme dans certaines localités il est quelquefois difficile de se procurer de l'eau distillée, on pourra se servir, pour cette préparation, d'eau filtrée ordinaire, en ayant seulement le soin d'y verser une ou deux gouttes d'acide nitrique, à l'effet de neutraliser l'action des différentes matières étrangères, dont toutes les eaux sont plus ou moins remplies, et qui, sans cette précaution, absorberaient une grande partie du brome, et nuiraient d'autant à sa force.

laisse celle-ci de 15 à 30 secondes à l'évaporation du brome, puis on renferme bien vite la plaque dans le châssis pour le porter à la chambre noire, en ayant bien soin qu'aucun rayon de jour ne puisse venir frapper sur la plaque, dont cela altérerait la sensibilité au point de faire manquer entièrement l'épreuve en la couvrant d'un voile gris. Il est bien indispensable de mettre toujours dans la capsule la même quantité d'eau bromée et de la renouveler à chaque opération, pour être bien certain d'avoir des résultats identiques.

Tel est le procédé qu'on emploie habituellement et dont nous nous sommes servi nous-même longtemps avec succès ; mais, il faut bien en convenir, diverses causes viennent empêcher la constante égalité de la couche sensible, malgré tout le soin que l'on peut mettre à se servir d'une quantité d'eau bromée d'une force toujours égale et pendant un temps fixe déterminé. En première ligne de ces causes de non-réussite, il faut placer les inégalités de température, de chaleur ou d'humidité, qui, agissant fortement sur le brome, lui donnent plus ou moins de volatilité à quantités égales ; de sorte que telle eau bromée dont on s'était servi la veille après une évaporation de 25 secondes, donnera le lendemain des épreuves toutes tachées, et n'aura plus besoin, pour offrir de belles réussites, que de 12 ou 15 secondes d'évaporation. En second lieu, la plaque sous une couche d'iode plus ou moins foncée absorbera une plus ou moins grande quantité d'évaporation; puis la grande difficulté d'avoir du brome de force toujours égale, et par conséquent des mélanges égaux et d'évaporation égale.

Nous avons donc dû chercher à neutraliser ces différentes défectuosités, auxquelles l'ingénieuse boite à brome de M. Foucault n'avait pu parer qu'à demi. Nous avons donc examiné avec le plus grand soin les différents résultats produits par l'évaporation du brome, et nous nous sommes convaincu qu'il était possible d'arriver à de meilleurs résultats que ceux obtenus jusqu'à présent, en consultant non plus le brome par des tâtonnements incertains, mais la plaque elle-même d'après la teinte que lui aura donnée l'évaporation. Nous avons donc changé notre manière d'opérer en celle-ci :

Après avoir iodé la plaque au jaune foncé, nous la retirons et nous la portons au-dessus de la capsule, dans laquelle a été versée une certaine quantité d'eau bromée, préparée comme il est dit ci-dessus. Après l'avoir laissée quelques secondes, nous avons soin de l'examiner de temps en temps pour voir si elle prend bien la teinte convenable et si elle la prend bien également. Cette justesse de coup d'œil, qui paraît présenter de grandes difficultés, s'acquerra beaucoup plus facilement qu'on ne croit lorsqu'on aura un peu d'habitude et de pratique. La plaque ainsi à l'évaporation passe d'abord au jaune orangé, puis au rose clair, puis au rouge vif et légèrement violet; c'est à cette dernière teinte qu'il faut s'arrêter; si on allait au delà, la plaque se chargerait de vapeurs qui feraient de larges taches sur l'épreuve ou la couvriraient complétement d'un voile humide. Du reste, on sera encore renseigné sur le temps nécessaire à l'évaporation par le lustre brillant que l'on verra prendre à la plaque, ainsi que par sa belle couleur, tandis que cette couleur lustrée sera altérée sensiblement si on a laissé la plaque un temps trop prolongé sur le brome. Il faut seulement avoir le soin de laisser la plaque 3 ou 4 secondes à l'évaporation après l'avoir regardée pour la dernière fois, afin de lui redonner la sensibilité qui aurait pu être altérée par la lumière, quelque faible qu'elle soit, qui vient frapper sur la plaque pendant le temps nécessaire pour l'examiner.

Ce moyen, qui nous a donné des réussites presque certaines, a, en outre, l'avantage de pouvoir être employé avec n'importe quelle eau bromée, sans qu'il soit nécessaire de faire plusieurs épreuves pour l'essayer préalablement, puisque ce n'est plus d'après la force du brome que l'on opère, mais avec connaissance de ses effets. La même eau bromée pourra également servir pour deux ou trois épreuves successives, pourvu que l'on ait soin de recouvrir la capsule avec le plan rodé après chaque opération. Lorsqu'on s'apercevra que le brome a trop perdu de sa force et qu'il est trop long à agir sur la plaque, on le jettera pour en remettre de nouveau.

Nous le disons avec certitude, en agissant d'après ces données et avec un peu d'habitude, on parviendra à opérer avec exactitude et régularité, et on obtiendra des plaques d'une sensibilité égale, et par suite des réussites constantes.

Nous recommandons aux amateurs qui auront acquis un peu d'habitude de ne pas craindre d'ioder les plaques un peu foncé avant de les passer au brome; c'est le seul moyen d'avoir des blancs bien purs, et que les parties lumineuses du modèle ne soient pas solarisées avant que les demi-teintes soient venues à leur temps.

Le brome étant un corrosif des plus violents, on aura bien soin en le préparant qu'il n'en puisse rejaillir sur les habits ou sur la figure, car il pourrait en résulter les accidents les plus graves. Une trop longue aspiration ou un flacon resté débouché dans une chambre pourrait également avoir des suites très-dangereuses.

EXPOSITION

A LA CHAMBRE NOIRE.

La plaque, étant iodée, peut sans inconvénient
rester plusieurs heures en cet état, avant d'être
exposée à l'action des rayons lumineux. On pourra
donc, si on désire faire des épreuves au dehors et
ne pas se charger de tout l'appareil, préparer plusieurs plaques à l'avance et n'emporter que la
chambre noire, en ayant autant de châssis de re-
change que l'on voudra faire d'épreuves, afin que
les plaques, une fois exposées aux rayons lumineux, puissent être soigneusement renfermées
dans leurs cadres, de manière à ce qu'elles soient
à l'abri de toute lumière jusqu'au moment où on
les passe à la boîte au mercure, ce qui peut également être retardé de plusieurs heures sans inconvénient.

Lors donc que l'on veut faire une épreuve, on
pose la chambre noire en face de l'objet que l'on
désire reproduire, et après l'avoir mis exactement
au foyer, soit au moyen du tiroir, soit par la

crémaillère à l'objectif, de manière à ce que l'i-
mage paraisse bien nette et bien tranchée sur
la glace dépolie, on retire ladite glace et on la
remplace par le châssis contenant la plaque préparée. On couvre alors l'objectif avec son bou-
chon ou avec un rideau, on ouvre le volet du
châssis de sorte que la plaque se trouve à découvert dans la chambre noire, en ayant toujours
bien soin de ne pas déranger l'appareil, et dé-
couvrant l'objectif, la plaque se trouve exposée
aux rayons lumineux.

Nous voudrions ici pouvoir donner quelques
notions précises sur la durée de l'exposition à la
lumière ; mais, nous sommes forcé de l'avouer,
quelques recherches auxquelles plusieurs savants
amateurs se soient livrés, il n'a pas encore été
possible de trouver le moyen de mesurer l'intensité de la lumière de manière à préciser le
temps nécessaire pour que l'épreuve soit arrivée
à son effet ; disons mieux, nous croyons à peu près
impossible d'exécuter un semblable instrument
en raison de la différence de sensibilité des diverses
substances que l'on emploie. Ce n'est donc que
par l'expérience et par des tâtonnements journa-
liers que l'on arrivera à un temps juste et régulier
pour l'exposition à la chambre noire. Au reste,
l'expérience finit par devenir un excellent maître,
et il est assez ordinaire aux praticiens un peu
exercés de réussir à la première épreuve, sur la-

quelle on n'a plus qu'à se baser pour toutes les autres, en ayant égard à l'accroissement successif de la lumière depuis le matin jusqu'à midi, et de son décroissement encore plus sensible de midi à trois ou quatre heures du soir, heures passé lesquelles il faut généralement renoncer à obtenir de belles épreuves (1).

On comprend de même que les saisons ne sont pas toutes également favorables à la promptitude de l'opération photographique; ainsi, ce qu'on obtiendra à Paris en une ou deux minutes, aux mois de juin et juillet, exigera trois minutes aux mois de mai et d'août, quatre minutes en avril et septembre, et ainsi de suite proportionnellement à mesure que l'on avance dans la saison.

Lorsqu'on juge que la plaque est suffisamment impressionnée par la lumière, on ferme l'obturateur de l'objectif, on retire le volet du châssis en ayant bien soin que la lumière ne pénètre pas sur la plaque, et on porte celle-ci à l'évaporation du mercure.

(1) Il nous est arrivé plusieurs fois, dans les beaux jours de l'été, d'obtenir, à cinq heures et demie et même six heures du soir, de magnifiques portraits d'un ton doux et harmonieux ; mais ces réussites accidentelles ne sont pas des règles fixes sur lesquelles on puisse se baser, attendu qu'elles tiennent à des conditions de pureté et de diaphanéité de la lumière qui se rencontrent rarement à une heure aussi avancée de la journée.

EXPOSITION AU MERCURE.

Ainsi que nous l'avons dit plus haut, cette opération peut sans inconvénient se retarder de quelques heures, en ayant soin que les plaques soient bien enfermées ; cependant la plaque, tellement bien couverte qu'elle soit, risquant toujours de recevoir quelque poussière ou quelque humidité, il est préférable, lorsqu'on le peut, de faire toutes les opérations successivement et dans la même localité : on sera alors bien plus certain d'un bon résultat.

La boîte à mercure doit, autant que possible, être placée dans un endroit sombre. à l'abri des rayons directs de la lumière. On remplit à l'avance, avec du mercure, la capsule qui fait le fond de la boîte, de manière à ce que la boule du thermomètre en soit au moins à moitié couverte. On retire de son châssis la planchette qui porte la plaque, et on la pose sur la boîte à mercure dans une inclinaison de 45° ; avec une lampe à esprit de vin on chauffe le dessous de la capsule contenant le mercure, jusqu'à ce que le thermomètre marque

55 degrés; alors on retire la lampe et on laisse l'opération agir d'elle-même. Le thermomètre continue à monter jusqu'à ce qu'il marque 65 ou même 70 degrés, puis il s'arrête et redescend successivement. On peut alors regarder à travers la petite glace, à la lueur d'une bougie ou d'une lampe, et suivre les progrès de l'opération de manière à retirer la plaque si on s'aperçoit qu'elle est assez avancée. Si l'épreuve est dans des conditions ordinaires, on laisse redescendre le thermomètre jusqu'à 40 degrés et on retire la plaque, qui ne peut encore être regardée qu'à un demi-jour, jusqu'à ce qu'elle soit entièrement dégagée de sa couche sensible par le lavage.

Si on s'aperçoit que l'épreuve, bien venue d'ailleurs, manque de vigueur, on peut la remettre dans la boîte à mercure et la réchauffer un peu, mais bien modérément, car elle ne tarderait pas à se couvrir partout d'un voile blanchâtre si on l'y laissait séjourner trop longtemps.

Plusieurs personnes ont essayé de remplacer le mercure liquide, qui est toujours d'un difficile transport, soit par un amalgame solide de mercure et d'argent, soit avec du nitrate de mercure. J'ai essayé ces divers procédés, et je conseille à tous les amateurs de s'en tenir, comme je le fais moi-même, à l'ancien procédé de M. Daguerre, qui est celui indiqué ci-dessus; je crois que c'est toujours le moyen le plus certain d'avoir de belles épreuves sans accident. Cependant les personnes qui voyagent continuellement avec leur appareil pourront employer le procédé suivant, indiqué par M. Brébisson. On enferme dans un morceau de toile de fil ou de coton une petite quantité de mercure (200 ou 250 grammes), et on en forme un nouet qui peut se transporter facilement, si on a soin de le faire d'un tissu assez serré pour que le mercure ne puisse pas s'échapper par une légère pression. On met ce nouet dans le fond de la capsule de la boîte à mercure, dont on supprime alors le thermomètre; on chauffe modérément jusqu'à ce que le dessin commence à paraître, et suivant les progrès de l'opération, à travers la vitre, on retire l'épreuve aussitôt qu'elle présente la vigueur convenable.

Si l'épreuve, en sortant de la boîte à mercure, paraît sombre et que les demi-teintes manquent de lumière, ce sera la preuve qu'elle ne sera pas restée suffisamment exposée à la chambre obscure; si au contraire les blancs paraissent bleus et les noirs grisâtres, que toutes les lignes soient diffuses et comme fondues ensemble, l'épreuve sera solarisée, c'est-à-dire qu'elle sera restée trop longtemps exposée aux rayons lumineux, et qu'alors la couche sensible, trop fortement impressionnée par la lumière, se sera trouvée détruite ou brûlée.

Si l'épreuve paraît d'une teinte verdâtre, c'est

qu'elle n'aura pas été suffisamment séchée au poli ; de même, si elle a des traînées blanches et laiteuses, c'est que le coton dont on se sera servi pour le dernier poli avait encore de l'humidité.

Si on aperçoit sur l'épreuve des taches rougeâtres, il faut en chercher la cause dans l'excès de brome ou dans son inégale évaporation ; de même que si la plaque est couverte d'un voile léger, au travers duquel on aperçoit faiblement l'image sous un certain angle, ce sera également excès de la couche sensible. Si l'épreuve paraît vague et molle, que les contours et les lignes ne soient pas nettement tranchés ou paraissent quelquefois doubles, c'est que la chambre noire n'aura pas été mise au foyer avec assez de soin, ou que la personne ou les objets qui étaient à reproduire auront bougé ou se seront trouvés dérangés pendant l'opération.

Enfin, si l'épreuve est couverte de petits points (principalement sur les noirs du dessin), et qu'ils lui donnent une teinte grisâtre, c'est qu'elle sera restée trop longtemps au mercure, ou que celui-ci aura été chauffé trop fortement ; et si, au contraire, elle présente des taches ou nuages blancs qui se forment indifféremment dans les parties claires ou ombrées du dessin, c'est que l'épreuve sera restée exposée trop longtemps à la chambre noire par un temps sombre ou humide, ou à une heure trop avancée de la journée, et qu'alors la couche sensible se trouvant altérée un peu partout, le mercure vient se jeter indifféremment sur toute la plaque, et finirait par la couvrir entièrement.

Si, par une cause quelconque, une goutte de mercure venait tacher la plaque, et par suite faire manquer l'épreuve, il faudrait, après l'avoir repolie une première fois avec de l'huile et du tripoli, la chauffer fortement en dessous avec la lampe à esprit de vin, jusqu'à ce que l'on voie le mercure s'évaporer et se perdre dans la couche blanchâtre qui couvre toute la surface de la plaque par l'effet de la chaleur; on la fera alors refroidir promptement en la plaçant sur un corps froid, tel qu'une table de marbre, et on recommencera à polir vigoureusement comme à l'ordinaire pour faire une nouvelle épreuve.

LAVAGE DE L'ÉPREUVE.

L'épreuve, à sa sortie de la boîte à mercure, peut être considérée comme terminée, c'est-à-dire que l'image est visible dans tous ses détails ; mais comme elle est toujours couverte de sa couche sensible, il en résulterait que si on la regardait au grand jour, l'iode continuerait à se décomposer et finirait par noircir et faire disparaître entièrement l'épreuve. Il est donc essentiel de dégager la plaque de cette couche sensible, par le lavage dans une dissolution d'hyposulfite de soude, d'abord, et ensuite de fixer l'image par le moyen du chlorure d'or.

On opère de la manière suivante : Dans un litre d'eau distillée, ou simplement filtrée, on fait dissoudre environ 50 grammes d'hyposulfite, et on conserve cette dissolution dans une bouteille ou dans un flacon bouché. Lorsqu'on veut laver une épreuve, on verse environ un demi-verre de ce liquide dans une bassine étamée et on y plonge la plaque, après l'avoir préalablement fait passer dans une bassine pleine d'eau, afin d'enlever les poussières qui pourraient s'y être attachées. On agite vivement la plaque dans l'hyposulfite jusqu'à ce qu'on voie la couche d'iode se dégager petit à petit et finir par disparaître entièrement ; on retire alors la plaque et on l'immerge de nouveau pour bien enlever l'hyposulfite. Si l'épreuve ne doit pas être fixée de suite au chlorure d'or, on la retire de l'eau, et la saisissant avec une pince par l'un de ses angles, on promène au-dessous la flamme de la lampe à esprit, en ayant soin de la tenir un peu inclinée de manière à faciliter l'écoulement de l'eau. Il faut avoir soin de commencer à chauffer le haut de la plaque en redescendant la flamme graduellement, de manière à ce que l'eau s'évapore également et ne laisse pas de taches, qui seraient ensuite fort difficiles à faire passer (1).

La même solution peut sans inconvénient resservir cinq ou six fois, pourvu que l'on ait soin de la revider à chaque fois et de la jeter aussitôt qu'on y apercevra quelques saletés.

---

(1) Si, malgré toutes les précautions possibles, l'eau laissait quelques taches à la surface de la plaque, il faudrait recommencer à la laver en remplaçant l'hyposulfite du premier lavage par de l'alcool et en y agitant la plaque jusqu'à ce que les taches soient entièrement disparues ; la retirant alors de l'alcool, on la lave dans l'eau et on la sèche comme à l'ordinaire.

FIXAGE DE L'ÉPREUVE.

A peine eut-on connaissance des procédés du Daguerréotype, que tous les amateurs regrettèrent que ces images, d'un travail si précieux et si fini, ne pussent être conservées autrement que sous un verre, au risque de les voir effacées par le plus léger frottement. Ce fut longtemps vainement que l'on essaya divers vernis ou substances propres à fixer l'image sur la plaque, les uns et les autres furent reconnus insuffisants et infructueux, soit à cause de leur prompte altération, soit en raison de leur difficile emploi ; enfin, M. Fizeau résolut le problème, et présenta son procédé à l'Académie des Sciences, dans la séance du 10 août 1840. Ce procédé est si heureusement sorti des mains de son inventeur, que jusqu'à présent aucune amélioration n'y a été apportée; nous ne saurions donc faire mieux que de reproduire ici textuellement la communication de M. Fizeau à l'Académie.

«Depuis la publication des procédés photogéniques, dit-il, tout le monde, et M. Daguerre le premier, a reconnu que quelques pas restaient encore à faire pour donner à ces merveilleuses images toute la perfection possible : je veux parler de fixer les épreuves et de donner aux lumières du tableau plus d'intensité.

« Le procédé que je soumets à l'Académie me paraît destiné à résoudre en grande partie ce problème ; il consiste à traiter à chaud les épreuves par un sel d'or préparé de la manière suivante :

« On dissout (1) un gramme de chlorure d'or dans un demi-litre d'eau distillée, trois grammes d'hyposulfite de soude dans un autre demi-litre d'eau également distillée ; on verse alors la dissolution d'or dans celle de soude, peu à peu, et en agitant ; la liqueur mixte, d'abord légèrement jau-

(1) Il est urgent que cette dissolution soit faite avec de l'eau distillée ; si le liquide était long à se clarifier et restait d'une teinte jaunâtre, il serait sujet à voiler l'épreuve ; on éviterait cet inconvénient en le filtrant à travers un papier gris.

Nous avons remarqué que le chlorure d'or préparé à l'avance perdait promptement de sa qualité, et finissait même au bout de deux ou trois mois, par devenir tout à fait inserviable. Lorsqu'on s'aperçoit que le chlorure d'or a fait un dépôt dans le fond du flacon, on doit le filtrer de nouveau au papier ; et si, malgré cette précaution, on avait un voile blanchâtre sur l'épreuve, ce serait une preuve que la dissolution serait décomposée, et il ne faudrait pas hésiter à la remplacer.

nâtre ne tarde pas à devenir parfaitement limpide ; elle paraît consister en un hyposulfure double de soude et d'or, plus du sel marin qui ne paraît jouer aucun rôle dans l'opération.

« Pour traiter une épreuve par ce sel d'or, il faut que la surface du plaqué soit parfaitement exempte de corps étrangers, et surtout de corps gras ; il faut, par conséquent, qu'elle ait été lavée avec quelque précaution, que l'on néglige lorsqu'on veut s'arrêter au lavage ordinaire.

« La manière suivante réussit le plus constamment : l'épreuve étant encore iodée, mais exempte de poussière et de corps gras sur les deux surfaces et les épaisseurs, l'on verse quelques gouttes d'alcool sur la surface iodée : quand l'alcool a humecté toute la surface, on plonge la plaque dans la bassine d'eau, puis de là dans la solution d'hyposulfite. Cette solution doit être renouvelée à chaque épreuve et contenir environ une partie de sel pour quinze d'eau ; le reste du lavage s'effectue comme à l'ordinaire, seulement l'eau du lavage doit être, autant que possible, exempte de poussière.

« L'emploi de l'alcool a eu simplement pour but de faire adhérer parfaitement l'eau à toute la surface de la plaque, et d'empêcher qu'elle ne se retire sur les bords au moment des diverses immersions, ce qui produirait infailliblement des taches.

« Quand une épreuve a été lavée avec ces précautions, fût-elle fort ancienne, le traitement par
le sel d'or est de la plus grande simplicité : il
suffit de placer la plaque sur le châssis de fil de
fer qui se trouve dans tous les appareils, de verser
dessus une couche de sel d'or suffisante pour que
la plaque en soit couverte, et de chauffer avec
une forte lampe ; on voit alors l'épreuve s'éclaircir
et prendre en une minute ou deux une grande
vigueur. Quand l'effet est produit, il faut verser
le liquide, laver la plaque et faire sécher.

« Dans cette opération, de l'argent s'est dissous,
et de l'or s'est précipité sur l'argent et sur le mercure, mais avec des résultats bien différents.
L'argent qui, par son miroitage, forme les noirs
du tableau, est en quelque sorte bruni par la
mince couche d'or qui le couvre, d'où résulte un
renfoncement dans les noirs ; le mercure, au contraire, qui, à l'état de globules infiniments petits,
forme les blancs, augmente de solidité et d'éclat
par son amalgame avec l'or, d'où résulte une fixité
plus grande et un remarquable accroissement dans
les lumières de l'image. »

« Quelquefois, au moment du chauffage, il se
forme sur l'épreuve de larges taches blanches et
opaques ; il faut en chercher la cause dans l'im-
perfection du lavage, qui n'aura pas suffisamment dégagé la plaque d'un reste d'iode ou d'hyposulfite.

« Il arrive parfois que le chauffage n'étant pas égal, et des parties de l'épreuve se trouvant plus vivement attaquées par la flamme, la trop grande chaleur fait lever en écailles la couche d'iodure d'argent qui couvre la plaque ; cet effet est quelquefois produit également par la trop grande force de la solution, qui se trouve trop chargée de sel d'or ; on pourra, dans ce cas, y ajouter un peu d'eau.

« Les plaques ainsi écaillées peuvent resservir, mais il est alors indispensable de les repolir fortement avec de l'huile.

Une épreuve ainsi fixée peut facilement se transporter dans un portefeuille, recouverte d'un papier serpente ; elle ne craint pas l'impression de l'air, et peut être calquée sans inconvénient. Si elle ne résistait pas à un frottement modéré, c'est qu'elle ne serait pas suffisamment chlorurée, et il faudrait alors recommencer l'opération.

L'épreuve fixée au chlorure d'or est entièrement terminée, et lorsqu'on l'aura laissée complétement refroidir, il ne restera plus qu'à la mettre dans un cadre, ce que l'on fera avec goût et discernement. L'ouverture du cadre aura la forme la plus convenable au sujet, et laissera la plaque à découvert le plus possible, à moins que l'on ait quelque défaut à cacher sur ses extrémités. Les portraits font généralement bien dans

des passe-partout ovales garnis d'un petit filet
noir, qui sert à faire ressortir l'image. Au reste,
ceci est une affaire de goût dont chacun décidera
à son idée ; nous recommandons seulement de
n'employer que des verres bien blancs et exempts
de défauts autant que possible.

DISPOSITIONS GÉNÉRALES.

Paysages et Monuments.

Bien que toutes les positions puissent être également reproduites au Daguerréotype, il est pourtant certaines conditions indispensables dont il est essentiel de ne pas s'écarter. Ainsi lorsqu'on aura trouvé un emplacement convenable, on aura bien attention de choisir l'heure et le lieu, de manière à ce que le soleil ne se trouve pas derrière le monument ou le paysage que l'on voudra reproduire, et par conséquent en face de l'appareil; car, dans le premier cas, on aurait une auréole tout autour des objets, et ensuite les rayons lumineux arrivant dans l'objectif formeraient un voile qui, s'interposant entre l'image à reproduire et la plaque, donnerait des lumières diffuses et empêcherait la réussite de l'épreuve. Du reste, on comprend facilement que le Daguerréotype demandant toujours le plus de lumière possible, on devra choisir le moment où l'objet est le mieux éclairé.

Si c'est un monument que l'on veut reproduire, il faut, autant que possible, placer la chambre noire ni trop haut ni trop bas par rapport à l'élévation du monument, c'est-à-dire qu'il faut que la chambre noire, disposée pour reproduire un édifice de 50 mètres de hauteur, soit placée à une élévation de 20 à 25 mètres; car si on se mettait au pied du monument, on aurait toutes les lignes fuyantes à un faux point de vue et d'un très-mauvais effet perspectif; il en serait de même dans le cas contraire, si la chambre noire se trouvait placée sur un point trop élevé. Il faut enfin en toute occasion que la chambre noire soit placée droite et perpendiculaire autant que possible, si on veut éviter que les lignes droites ne se courbent sur les bords. Ceci est d'autant plus sensible, que l'objectif dont on se sert est d'un plus court foyer, et que l'objet que l'on reproduit est plus près de l'appareil (1).

Ainsi que nous l'avons déjà dit, la lumière est toujours plus intense dans la matinée qu'aux heures de l'après-midi; cependant dans les

(1) On ne doit pas essayer de reproduire des perspectives avec des objectifs de trop court foyer dans le but de réunir plus d'objets sur la même plaque, on aurait alors des lignes arrondies et diffuses sur les bords. Il faut généralement, pour prendre des vues, se servir d'un objectif dont le foyer soit à peu près le double de la plus grande largeur de la plaque, et dont le diamètre soit environ le cinquième de son foyer.

4

grands jours de l'été et lorsque la chaleur est extrême, le soleil dardant avec une plus grande force vers midi, il s'élève de la terre une sorte de vapeur qui semble agiter tous les objets d'un tremblement continuel, et fait que les lignes semblent diffuses et brisées; il faut, dans ce cas opérer dès le matin, ou bien attendre que le soleil soit un peu descendu à l'horizon; la chaleur sera moins forte, et les objets éclairés plus également produiront un meilleur effet.

Par une belle gelée, on peut obtenir de très-belles épreuves, mais alors se présente un autre inconvénient : la plaque sortant de la chambre obscure a pris la température froide du dehors : posée de suite sur la boîte à mercure, la chaleur que l'on communique à celui-ci pour le faire évaporer se précipite sur l'épreuve, et faisant un changement subit de température, la plaque se couvre à l'instant d'une vapeur humide qui empêche le mercure de s'y fixer, et par conséquent annulle totalement le dessin. Le seul moyen d'éviter cette humidité sera de laisser quelque temps le châssis qui contient la plaque dans une chambre chauffée à une température modérée, avant de l'exposer aux vapeurs mercurielles; encore devra-t-on avoir soin que la chaleur de la pièce ne soit pas trop forte, car la plaque se couvrirait de même d'un voile humide.

Il faut, autant que possible, lorsqu'on veut reproduire un paysage, se placer de manière à avoir des objets un peu saillants sur les premiers plans, afin de rompre la monotonie des lointains et donner plus de vigueur au tableau. On évitera de réunir sur la même épreuve des constructions neuves et blanches près de monuments anciens et recouverts par la vétusté d'une teinte brune ; le temps nécessaire pour la reproduction de ces derniers serait dépassé pour les premiers, qui seraient alors solarisés, ou bien ceux-ci n'étant restés que le temps nécessaire, les anciennes constructions ne seraient pas suffisamment venues, manqueraient de détails et donneraient des effets durs et sans harmonie. Généralement les constructions neuves devront être reproduites de préférence par une lumière diffuse, et les monuments anciens, au contraire, par une réflection de soleil qui les éclaire obliquement, et en dessine parfaitement tous les détails.

Portraits.

Ce fut longtemps un problème incertain que de savoir si le Daguerréotype pourrait jamais être approprié à la reproduction des corps animés, et enfin au portrait. Nous avons indiqué plus haut les divers procédés mis en pratique pour arriver à ce résultat et obtenir des images photogéniques assez promptement pour que la gêne causée par une trop longue pose ne vînt pas fatiguer le modèle au point de donner à la physionomie une attitude contractée et grimaçante. Mais bien que ces procédés soient d'un usage assez facile, il n'en est pas moins certain que les plus beaux résultats seront toujours obtenus par les artistes qui, ayant l'habitude de l'harmonie des tons et des couleurs, éviteront ces contradictions choquantes et ces duretés d'opposition qui sont quelquefois si désagréables à voir dans certaines épreuves daguerriennes.

Le choix des fonds et des vêtements est plus essentiel qu'on ne le croit généralement, ainsi que l'éclairage et la pose du modèle; c'est donc une étude spéciale à faire que celle des conditions artistiques indispensables à l'harmonie et aux beaux effets des épreuves.

Les rayons directs du soleil étant impossibles à soutenir les yeux ouverts, et donnant ensuite de trop fortes oppositions de lumière et d'ombre, il faudra de préférence opérer à la lumière diffuse. Plusieurs personnes qui font du Daguerréotype journellement se sont fait construire des pavillons tout en verre, dans lesquels le modèle, se trouvant à l'abri du vent et du froid, supporte bien mieux les fatigues de la pose, et où la lumière peut être réglée à volonté par des rideaux ou des

transparents; mais à défaut d'un semblable pa-
villon, il faut, autant que possible, mettre le modèle à couvert sous une tente bleue, afin que la
lumière soit distribuée bien uniformément et ne
donne pas des clairs trop vifs sur le front et toutes
les parties saillantes de la figure, ce qui arrive
lorsqu'on opère à découvert. Il est toujours bon
d'entourer le modèle de reflets blancs qui, l'éclairant en tous sens, ne permettent pas que les
moindres demi-teintes échappent à l'impression
photographique.

La couleur du fond devra essentiellement être
choisie, en égard à la couleur des vêtements du
modèle, de façon que ceux-ci se détachent parfaitement et sans dureté; ainsi les vêtements
bruns devront se détacher sur un fond blanc,
et au contraire les dames vêtues de robes claires
ou coiffées de blanc devront être placées devant
un fond gris ou bleu, de telle sorte que celui-ci
ne se confonde pas d'une manière désagréable
avec ceux-là.

Quant aux vêtements, les couleurs sombres seront choisies de préférence. Rien n'est joli au
Daguerréotype comme une robe de satin noir
moiré avec col brodé ou guipures qui, se déta-
chant dessus, font un admirable effet. Les étoffes
écossaises et à raies seront également reproduites
avec beaucoup de succès.

Le modèle sera assis commodément, sans gêne

et sans affectation, sur un siége massif et à dossier droit. On pourra, pour plus de certitude d'immobilité, faire poser la tête sur un support circulaire en fer à tige mobile, fixé au dossier du siége, et auquel on donnera tous les mouvements nécessaires pour suivre les inclinaisons de la tête, afin que celle-ci n'éprouve aucune roideur en s'y appuyant. La tige de ce support sera cachée par le modèle de manière à n'être pas visible dans la chambre noire.

Les portraits de face étant généralement disgracieux, le modèle sera tourné un peu de trois quarts, les yeux regardant l'objectif de la chambre noire.

On évitera que le modèle ait la tête trop relevée, ce qui donnerait la face en raccourci, et les portraits posés ainsi semblant toujours regarder vers le ciel, dans une sorte d'extase ridicule et désagréable.

Les mains seront placées le plus près possible du corps, naturellement et sans roideur; on évitera qu'elles ne soient posées ouvertes, à plat sur la poitrine, les doigts écartés, ce qui est toujours d'un très-mauvais effet.

Si on veut reproduire un groupe de plusieurs personnes, il faut avoir soin qu'elles soient toutes placées sur le même plan, afin de n'avoir qu'un même foyer, et que les unes ne paraissent pas beaucoup plus grosses que les autres. On com

prend du reste que le goût de l'opérateur décidera de la manière de grouper les têtes de façon
que les unes ne se trouvent pas en partie cachées
par les autres, et que pourtant elle ne soient pas
toutes à la même hauteur et comme en aligne—
ment.

REPRODUCTION

ET DORURE DES ÉPREUVES PHOTOGÉNÉES

PAR

LA GALVANOPLASTIE.

Les procédés électrotypiques ou de galvanoplastie récemment découverts par MM. Jacobi, de Saint-Pétersbourg, et Spencer, de Londres, ont produit de si beaux résultats, que nous ne doutons pas que les amateurs ne soient curieux de connaître les moyens d'appliquer cette nouvelle science aux épreuves du Daguerréotype.

L'électrotypie consiste à appliquer les métaux les uns sur les autres au moyen de l'électricité galvanique. L'appareil dont nous nous servons est fort simple et d'un usage très-facile et peu coûteux; il est composé : d'une cuve ou vase carré en porcelaine, destiné à recevoir les pièces à reproduire ;

D'un diaphragme en terre poreuse en forme de carré long, qui se pose au centre du vase, et dont les plus grands côtés doivent avoir un peu plus de largeur que l'épreuve que l'on veut copier ;

D'une plaque de zinc d'environ un centimètre d'épaisseur entrant dans le diaphragme en terre, et dont la partie supérieure est disposée pour recevoir les fils conducteurs;

D'un conducteur en fil de cuivre ayant à son extrémité un petit écrou à vis de pression, destiné à tenir suspendue la plaque photogénée.

Il est essentiel, pour avoir un bel effet, que les plaques de Daguerréotype soient fixées au chlorure d'or, et parfaitement exemptes de poussière et de tout corps gras. Si on veut reproduire une épreuve faite depuis un peu de temps, il est même plus prudent de la passer d'abord dans de l'alcool avant de la laver à l'hyposulfite, afin d'être certain que la plaque est parfaitement dégagée de cette humidité grasse que le temps dépose sur sa surface. La plaque nettoyée ainsi, on opère de la manière suivante :

Le vase A est rempli d'une solution de sulfate de cuivre, que l'on obtient en faisant dissoudre des cristaux de sulfate dans de l'eau, jusqu'à ce que celle-ci en soit complétement saturée; des

cristaux placés dans des supports à jour aux deux
extrémités de l'appareil, à la partie supérieure du
liquide, entretiennent la saturation de l'eau à
mesure qu'elle s'appauvrit pendant l'opération.
On prépare de l'eau légèrement acidulée avec environ une 30me partie d'acide sulfurique, et on
en remplit le diaphragme en terre destiné à recevoir le morceau de zinc; celui-ci se décomposant très-promptement par l'effet de l'acide, on
empêche cette destruction en amalgamant le zinc,
c'est-à-dire en le frottant avec du mercure mêlé
à de l'eau acidulée, jusqu'à ce que sa surface soit
revêtue d'une couche brillante de mercure.

Le zinc, ainsi préparé, est suspendu au milieu
du diaphragme; à son extrémité supérieure est
attaché le fil de cuivre auquel est fixée la plaque
photographique, et celle-ci est à son tour suspendue dans la solution du sulfate. Il s'opère alors
une transmission d'électricité du zinc au cuivre,
et le métal contenu dans la dissolution du sulfate est décomposé et revivifié par le courant électrique, et vient s'apposer sur l'épreuve. Mais on
comprend facilement que ce métal viendrait également se fixer sur la partie postérieure de la
plaque, ainsi que sur l'écrou et sur la partie du
conducteur qui plonge dans le liquide, et c'est ce
qu'il faut essentiellement empêcher en couvrant
toutes ces parties, ainsi que les bords de la plaque, d'une couche de vernis ou de cire jaune ap-

pliquée à chaud et d'une épaisseur assez forte pour bien cacher toutes les parties que l'on veut garantir.

Il est essentiel que l'eau acidulée contenue dans le diaphragme ne soit pas trop chargée d'acide, car, dans ce cas, le courant électrique se dégageant avec trop de force, le dépôt serait d'une teinte brune et extrêmement cassant; il est généralement préférable que l'action soit un peu lente pour obtenir un métal consistant et d'une belle teinte rosée. Il faut pourtant éviter de tomber d'un défaut dans l'autre, et si on s'aperçoit que l'action est interrompue et que le métal ne se produit plus, il faut alors renouveler l'eau acidulée, et ensuite retirant la plaque du bain de sulfate, on passera un blaireau sur la surface, afin que les différentes couches métalliques soient bien adhérentes ensemble.

On doit tout préparer, et ne mettre l'épreuve dans la solution qu'en dernier lieu et lorsque le courant électrique sera en action. Si on n'observait cette précaution, la dissolution de sulfate agissant chimiquement sur la plaque, laisserait déposer à sa surface un oxyde de couleur foncée qui empêcherait la formation régulière du dépôt.

Lorsqu'on désire voir les progrès de l'opération, il faut retirer l'épreuve de la solution de sulfate et l'examiner promptement, de façon qu'elle ne demeure pas exposée à l'air; car il suftirait de quelques secondes pour l'oxyder au point d'empêcher le dépôt suivant d'adhérer au premier, surtout si la plaque avait eu le temps de se sécher.

La durée de l'opération ne peut être fixée, dépendant d'abord de la température, du plus ou moins de force de l'électricité, ainsi que de l'épaisseur du dépôt qu'on veut obtenir. Dans les temps froids, et employant les dissolutions froides, l'action électrique serait presque nulle; il faut, autant que possible, que l'appareil soit placé dans un endroit chauffé à une chaleur tempérée, et, dans cette condition, il faut environ trente heures pour la parfaite reproduction d'une épreuve. Si on emploie le liquide bouillant, il suffit de quelques heures pour obtenir un dépôt d'une épaisseur convenable.

La dimension de la plaque de zinc devra être à peu près égale à celle de l'objet que l'on veut reproduire; si on se servait d'un trop grand morceau de zinc pour reproduire une petite épreuve, le dépôt serait d'inégale épaisseur, très-dur, mais se cassant facilement. Dans le cas contraire, si le zinc était beaucoup plus petit, il pourrait arriver que la plaque ne soit pas entièrement recouverte de cuivre à ses extrémités.

Lorsqu'on juge que le dépôt a acquis une épaisseur suffisante, il faut séparer les deux plaques, et cette opération est celle qui demande le plus de soin et de ménagements. On retire l'épreuve à laquelle le dépôt est adhérant, on lave le tout à grande eau, et on sèche de suite au moyen d'un papier buvard, ou en faisant tremper dans du son ou de la sciure de bois; on enlève avec soin la cire que l'on a mise sur les bords, et introduisant une lame de couteau entre les deux plaques, au moyen d'une légère pression, elles se séparent facilement lorsque l'opération a été bien suivie et que le dépôt est d'une belle qualité et d'épaisseur convenable; mais il arrive quelquefois, si l'épreuve n'a pas été nettoyée avec assez de soin, ou si elle a été placée dans la solution avant que l'appareil ne soit en fonction, que le dépôt est adhérent à sa surface et ne se détache qu'avec beaucoup de difficulté, et le plus souvent au détriment de l'épreuve; ou bien encore si, en séparant les deux plaques, une goutte d'eau se glisse entre l'épreuve photogénique et sa reproduction, elle les tache toutes deux, et presque toujours non-seulement l'opération est manquée, mais encore l'original est perdu. De même si le dépôt n'est pas d'une épaisseur suffisante lorsqu'on le soulève avec la lame de couteau, il ne résiste pas à la pression telle légère qu'elle soit, et se déchire en plusieurs endroits. Un peu d'habitude des opérations fera facilement éviter tous ces accidents, auxquels il n'est plus possible de remédier, une fois accomplis.

Cependant, lorsqu'on s'aperçoit qu'une goutte d'eau pénètre entre les deux plaques, si on les plonge de suite et séparément dans de l'alcool bien propre et qu'on les sèche avec la lampe, la tache n'aura pas le temps de se produire, et ne sera pas apparente sur les épreuves; cela réussit surtout lorsqu'elles ont été bien lavées à plusieurs eaux à leur sortie de la cuve, de manière enfin à ce que le dernier lavage n'ait donné aucune espèce de coloration à l'eau dont on s'est servi, ce qui est la preuve que les surfaces sont bien dégagées de tout reste de solution de sulfate.

En opérant avec soin, et si on suit rigoureusement les principes que nous avons indiqués, on sera richement récompensé de son travail par le beau résultat que l'on obtiendra; toute la finesse de l'épreuve daguerrienne sera rendue avec une fidélité admirable dans la reproduction électrotypique; l'illusion est telle, que l'on pourrait croire que c'est une image photographique obtenue sur une plaque de cuivre. En un mot, c'est le moulage le plus parfait, le fac-simile le plus fidèle qui se puisse imaginer; de plus, l'épreuve est redressée et ineffaçable, si on a le soin de l'enfermer de suite dans un passe-partout pour la garantir de l'humidité de l'air qui pourrait oxyder sa surface.

L'appareil que nous avons décrit est construit de manière à ce qu'il soit facile de reproduire deux épreuves en même temps dans la même solution de chaque côté du diaphragme, en faisant communiquer un second conducteur à la plaque de zinc à côté du premier; on aura ainsi l'avantage non-seulement de l'économie du temps, mais aussi économie de matière, car l'électricité sera assez forte pour les deux plaques, sans qu'il soit fait une plus grande dépense de zinc et d'acide.

Nous avons dit plus haut que le bâton de zinc devait être amalgamé avec du mercure et de l'acide: il sera également possible d'opérer avec succès sans s'astreindre à cette condition, et on pourra employer le zinc à son état naturel sans inconvénient grave : seulement il faut que l'eau contienne une moins grande quantité d'acide qu'à l'ordinaire, parce qu'alors l'action serait trop forte et s'effectuerait sous la forme d'une poudre brune; de plus, le zinc tel qu'on le trouve dans le commerce, contient une assez grande quantité de matières étrangères qui, se dissolvant par l'action de l'acide, forment un oxyde de zinc qui s'attache à celui-ci et empêche son effet. Il faut alors retirer la plaque de zinc et l'essuyer avec un linge ou une peau, afin d'enlever cet oxyde et raviver le métal. Enfin, quel que soit le moyen que l'on emploie, il faut surtout éviter que le courant électrique agisse avec trop de vigueur, et que la conductibilité de la solution cuivreuse ne soit trop vive, car on ne doit pas oublier que, dans les expériences électrotypiques, la non-réussite dépend neuf fois sur dix de la trop grande force de l'appareil.

Les procédés ci-dessus indiqués seront les mêmes si l'on veut obtenir la reproduction en cuivre d'une médaille, d'un camée ou de tout autre objet en métal. Il suffit de bien nettoyer d'abord le côté de la pièce que l'on veut reproduire, et de garantir tous les autres côtés en les recouvrant d'une couche de cire, ayant soin toutefois que le fil conducteur soit bien en contact avec le métal, car si ce contact n'était pas parfait, le dépôt ne s'effectuerait pas, et l'opération serait nulle. On pourra assurer ce contact métallique en soudant avec le métal fusible (1) le fil conducteur au revers de la pièce, nettoyé à vif préalablement, et recouvrant ensuite le tout avec de la cire, pour le garantir de l'action galvanique.

Si c'est une médaille que l'on veut obtenir, et celle-ci étant en relief, on comprend que la contre-épreuve sera en creux et pourra servir de

----

(1) Le métal fusible se compose facilement en faisant fondre ensemble, dans une cuiller en fer bien propre, huit parties de bismuth avec trois parties d'étain et cinq parties de plomb; cet alliage se met facilement en fusion à une faible chaleur, mais il est bon de le faire fondre à plusieurs reprises pour être certain que le mélange est bien parfait.

moule pour obtenir plusieurs épreuves en relief,
tant que ce moule ne sera pas altéré; mais, dans
le cas où l'on ne voudrait avoir qu'une épreuve,
on pourra éviter de faire une double opération
en prenant d'abord un moule de la médaille. De
même que si on voulait reproduire un objet en
plâtre, en bois ou de tout autre corps non conducteur d'électricité. Plusieurs substances sont propres à former ces moules : le moyen le plus certain, pour les médailles de dimensions ordinaires,
sera de faire le moule en métal fusible, auquel
on soudera facilement le conducteur, et le contact métallique sera parfait. A défaut de métal
fusible, ou pour des objets de grande dimension,
on fera les moules en cire blanche ou avec des
bouts de bougie que l'on fera fondre ensemble
dans un pot de terre, de manière que la fusion
soit bien complète. La surface de la médaille sera
enduite d'une légère couche d'huile d'olive, afin
de se détacher facilement de l'empreinte lorsque celle-ci sera parfaitement refroidie. La cire
n'étant pas un corps conducteur, et ne pouvant
transmettre le courant galvanique, on lui communique cette propriété en recouvrant la surface
d'une légère couche de plombagine, ou mine de
plomb, avec un pinceau très-souple, jusqu'à ce
qu'elle soit brillante. Le fil conducteur fixé au dos
du moule devra être revêtu également d'une
couche de plombagine, ainsi que la cire qui l'en-

vironne, afin d'établir le contact parfait. L'opération galvanique terminée, on sépare facilement les deux pièces en frappant légèrement sur le revers de l'épreuve, ou en refoulant la cire sur les côtés du moule.

Dorure des Épreuves.

L'opération nécessaire à la dorure des épreuves est on ne peut plus simple : on fait dissoudre 60 grammes de cyanure de potassium dans un litre d'eau distillée chaude, et on y ajoute 30 grammes d'oxyde d'or ; on laisse déposer le liquide, et on le renferme dans un flacon bouché avec soin. Cette substance se décomposant facilement, il est essentiel de la tenir constamment renfermée, et de ne la laisser exposée à l'air que juste le temps nécessaire à l'opération.

On trouvera encore plus de facilité et d'avantage en se servant, pour la dorure des épreuves, du liquide de M. Fizeau, le chlorure d'or dissous dans l'hyposulfite, tel qu'on l'emploie pour fixer les images daguerriennes.

L'appareil est le même que pour les reproductions galvaniques, avec cette différence que le sulfate de cuivre sera remplacé ici par le chlorure

d'or, et que l'eau acidulée (1) devra être très-fai-
blement chargée d'acide, car si l'action galvanique était trop forte, le dépôt viendrait d'un jaune
sale, et perdrait de sa transparence.

Il suffit de quelques minutes pour que le dépôt
ait atteint la nuance convenable. Il faut surveiller
l'opération avec soin, car il suffirait qu'elle se pro-
longeât quelques instants de trop pour couvrir la
plaque d'une couche épaisse qui altérerait successivement toutes les demi-teintes de l'épreuve,
et finirait par l'effacer entièrement.

(1) M. Edmond Becquerel conseille de se servir d'une dissolution
de sel marin au lieu d'acide sulfurique ; de cette manière, il de-
vient inutile d'amalgamer le zinc, et on n'a pas à craindre qu'une
goutte de mercure, s'échappant à travers le diaphragme, ne vienne
faire une tache sur l'épreuve.

TABLE DES MATIÈRES.

PRIX - COURANT

DES

DAGUERRÉOTYPES

Fabriqués par QUESLIN,

Ingénieur-Opticien, 1, rue de la Bourse.

Dans toutes les notes de prix de Daguerréotype publiées jusqu'à ce jour, le besoin de soutenir ou de devancer la concurrence, en vendant à bon marché, a mis le fabricant dans la nécessité de supprimer dans les instruments plusieurs accessoires indispensables. Ainsi, l'on remarquera que dans le prix de mes appareils j'ai compris un pied à trois branches et une glace parallèle pour redresser les images; ces deux articles, qui sont ordinairement comptés à part, font sur tous les tarifs une augmentation de 30 fr. pour les appareils 1/6ᵉ de plaques, 35 fr. pour les 1/4 de plaques, 45 fr. pour les 1/2 plaques, et 60 fr. pour les Daguerréotypes plaques entières. On comprend qu'en faisant de semblables suppressions, il est facile de faire du bon marché; mais je n'ai pas cru devoir suivre cette méthode. Tous mes Daguerréotypes sont complets, garnis d'une monture de deux objectifs achromatiques, marchant à crémaillère; l'ébénisterie, en noyer ou en acajou massif, est faite avec toute la perfection désirable, enfin aucun appareil ne sort de mon magasin sans avoir été préalablement essayé et vérifié dans toutes ses parties. Pour les grands appareils, les portraits présentant une assez grande difficulté, les personnes qui ne veulent employer leur instrument qu'à la reproduction des paysages ou des monuments, n'ayant besoin alors que d'un seul objectif achromatique, comme celui indiqué par M. Daguerre, j'ai indiqué séparément le prix de l'appareil ainsi simplifié, et on pourra se rendre compte d'une différence sensible qui existe lorsqu'on supprime l'objectif double.

TARIF.

DAGUERRÉOTYPE, grand modèle, pour vues et portraits, avec objectif double (système allemand), avec crémaillère, pied à trois branches, planchettes à polir, glace parallèle et accessoires ; le tout renfermé dans une boîte en chêne à crochets, serrure et poignée. . . . . 400 fr. »

    dito. Avec un seul objectif pour paysages seulement. 300 »

DAGUERRÉOTYPE, 1/2 plaques pour vues et portraits, objectif double, etc. . . . . 250 fr. »

    dito. Avec un seul objectif. . . . . 180 »

DAGUERRÉOTYPE, 1/4 de plaques, pour vues et portraits, objectif double, pied, glace parallèle, etc. . . . . . . 150 fr. »

    dito. 1/6 de plaques, etc. . . . . 100 »

    dito. moins compliqué, 1/6 de plaques, sans pied ni glace. . . . . 50 »

Tous les appareils ci-dessus sont garnis d'une boîte renfermant six plaques en plaqué, au 40ᵉ.

OBJECTIFS DOUBLES, système allemand, montés en cuivre, à crémaillères, pour portraits :

Grand modèle pour plaques entières, diamètre, 81 millim.			150 fr. »
1/2 plaques,	*dito.*	61 millim.	100 »
1/4 de plaques,	*dito.*	43 millim.	60 »
1/6 de plaques,	*dito.*	35 millim.	35 »

PLAQUES en doublé d'argent, premier choix, poinçonnées et garanties au 40ᵉ.

Grand modèle de 0ᵐ 220 sur 0ᵐ 160, la douzaine.	54 fr. »
1/2 plaques de 0ᵐ 160 sur 0ᵐ 122, la douzaine.	27 »
1/4 de plaques de 0ᵐ 108 sur 0ᵐ 080, la douzaine.	15 »
1/6 de plaques de 0ᵐ 070 sur 0ᵐ 080, la douzaine.	10 80

Je m'engage à fournir les commandes, quelle que soit leur importance, dans l'espace de huit jours.

TRIPOLI DE VENISE, calciné et broyé, le kilog. 8 fr. »

ROUGE D'ANGLETERRE, première qualité, les
100 grammes. . . . . 3 »

MERCURE purifié, le kilog. . . . . 14 »

IODE, 250 grammes dans un flacon bouché à l'émeri. . 8 »

HYPOSULFITE DE SOUDE, 500 grammes dans un
flacon. . . . . 8 »

BROME pur, le flacon de 5 grammes. . . . . . . » 75

LIQUEUR HONGROISE, le flacon. . . . . . 5 »

CHLORURE D'OR, tout préparé dans un flacon, le litre. 5 »
dito.   dito.   le 1/2 litre. 3 »

PIED A CHLORURER. . . . . de 3 à 6 »

COTON pour polir, le kilog. . . . . . . 6 »

VELOURS a polir (fig.). . . . . . . de 4 à 6 »
Appareil de pose pouvant prendre tous les mouvements
et inclinaisons désirables. . . . . 18 »

CADRES dits **PASSE-PARTOUT** en carton.

Pour grandes plaques, la douzaine. . . . . . 24 »
    1/2 plaques ,   dito. . . . . . 12 »
    1/4 de plaques,   dito. . . . . . 6 »
    1/6 de plaques,   dito . . . . . 5 »

Cadres de bois avec filets et incrustations.

Cadres en cuivre, estampés, vernis ou bronzés, de toutes grandeurs.

Appareils de **GALVANOPLASTIE**, et tous les accessoires nécessaires pour les expériences, tels que diaphragmes, zinc, sulfate de
cuivre, etc.

PRINCIPAUX ARTICLES

D'Optique, Physique, Mathématiques, Géodésie et Minéralogie,

Fabriqués par QUESLIN.

Lunettes à lire, en acier, de 4 à 12.
   dito   or, argent, écaille, acier doré.
Longues-vues marines et astronomiques.
   dito   de campagne.
Lunettes murales et à mesurer les distances.
   dito   jumelles.
   dito   Victoria.
Microscopes de toutes espèces et dimensions.
Baromètres et hygromètres.
Thermomètres et aéromètres de toutes formes.
Physique et électricité.
Boussoles et niveaux pour l'arpentage.
Graphomètres et théodolithes.
Chambres noires et chambres claires.
Lanternes magiques.
Fantasmagorie.
Porte-crayons et compas.
Cassettes de mathématiques.
Généralement tous les instruments en cuivre et en verre, à
   l'usage de la science.
Calculateurs automates, brevetés.
Compteurs additionneurs et marqueurs pour jeux.

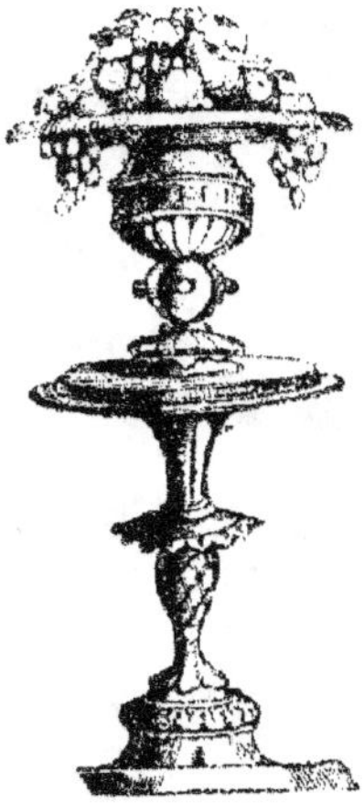

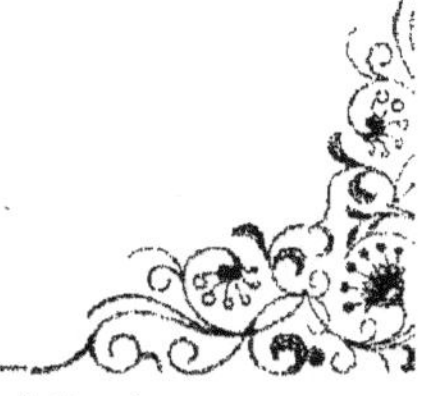

miette, 2